매일 하루 한 문장씩 삶의 가장 본질적인 질문에 답을 구하고자 했던 명사들의 말들을 필사하며 자신을 돌아보는 시간을 가져 보세요. 이 책이 제시하는 100일의 여정을 마치고 나면, 당신의 삶을 지탱하는 단단한 지지대가 생겨 있음을 깨닫게 될 것입니다. 그것은 어떤 시련에도 흔들리지 않는 마음의 근육이 되어 당신을 굳건하게 지켜줄 것입니다.

누나 MOONA

차례

PART 1

나를 돌보고 위로하는 방법을 알고 싶을 때

DAY 001 아룬다티 로이	사랑하고, 사랑받기	14
DAY 002 달라이 라마	행복은 자신에게서 비롯된다	16
DAY 003 데이비드 베컴	직시하라	18
DAY 004 프리다 칼로	나에게는 날개가 있다	20
DAY 005 헨리 데이비드 소로	내면을 여행하라	22
DAY 006 마하트마 간디	보고 싶은 변화가 되어라	24
DAY 007 미셸 드 몽테뉴	자기 자신에게 속하는 법	26
DAY 008 미셸 오바마	우리는 높은 길을 갈 것이다	28
DAY 009 라이너 마리아 릴케	너무 늦은 나이란 없다	30
DAY 010 랄프 왈도 에머슨	매일이 최고의 날	32
DAY 011 루스 베이더 긴즈버그	소중한 것을 위해 싸워라	34
DAY 012 마더 테레사	가장 끔찍한 빈곤	36
DAY 013 톰 피터스	성공은 감사 편지와 같다	38
DAY 014 버지니아 울프	다른 사람이 될 필요는 없다	40
DAY 015 윌 로저스	어제에 오늘을 빼앗기지 말라	42
DAY 016 김유신	살아남은 자	44

하루 한 줄
매 일 필 사

무나 MOONA 지음

삶을 단단하게 만드는 _____ 명사들의 위대한 한마디

• prologue •

하루를 잘 살아내고 싶은 당신에게

이 책을 펼친 당신은 지금 의미 있는 여정의 첫걸음을 내딛고 있습니다. 어쩌면 무언가에 지쳐 잠시 멈춰 서 있는지도, 혹은 새로운 시작을 앞두고 설렘과 두려움에 머뭇거리고 있을지도 모릅니다. 어떤 고민 속에 있든, 이 책의 첫 페이지를 넘긴 당신에게 '시작하는 용기'와 '지속하는 힘'을 선물하고 싶습니다.

이 책에는 과학자, 예술가, 정치인은 물론 기업가와 스포츠 스타에 이르기까지, 각자의 분야에서 자신만의 길을 개척한 명사들의 빛나는 문장 100개가 담겨 있습니다. 이 말들은 그들의 치열한 삶의 흔적이며, 수많은 실패와 성공을 거듭하며 얻어낸 귀한 통찰의 결정체입니다. 당신은 그들의 한마디를 통해 삶의 방향을 찾고, 두려움 속에서도 앞으로 나아가며, 예기치 못한 시련에도 다시 한번 일어서는 힘을 얻게 될 것입니다.

눈으로 읽는 것을 넘어 손으로 직접 쓰는 '필사'는 생각보다 큰 힘을 가지고 있습니다. 한 문장을 천천히 따라 쓰며 그 의미를 곱씹는 시간은 온전히 자신에게 집중하는 명상의 시간이라 할 수 있습니다. 손끝에서 머리, 그리고 마음으로 이어지는 일련의 과정을 통해 그 문장은 우리 삶의 일부가 될 것입니다.

DAY **017** 노자	흘러가도록 두라	46
DAY **018** 백남준	인생에는 되감기 버튼이 없다	48
DAY **019** 헨리 데이비드 소로	현재를 살라	50
DAY **020** 찰스 핸디	부족하지 않은 것으로 충분하다	52
DAY **021** 부처	지금 이 순간이 가장 소중하다	54
DAY **022** 알베르 카뮈	내 안의 꺾을 수 없는 여름	56

PART 2

관계가 나를 힘들게 할 때

DAY **023** 빌 게이츠	배움의 원천	60
DAY **024** 엘레노어 루스벨트	위대한 리더	62
DAY **025** 에밀리 맥도웰	곁에 두지 말아야 할 사람	64
DAY **026** 휴 잭맨	좋은 사람이란	66
DAY **027** 이안 맥라렌	친절한 사람이 되라	68
DAY **028** 레이디 가가	증오와 비난은 무시하라	70
DAY **029** 마야 안젤루	사람들은 감정을 잊지 않는다	72
DAY **030** 마더 테레사	우리는 함께 큰일을 할 수 있다	74
DAY **031** 탈레스	자신을 아는 일이 가장 어렵다	76

DAY 032 데일 카네기	사람은 감정적인 동물이다	78
DAY 033 순자	아첨하는 자	80
DAY 034 장준하	자신에게 이기고 남에게는 져라	82
DAY 035 다산 정약용	겸손은 사람을 머물게 한다	84

PART 3

번아웃과 슬럼프를 극복하고 싶을 때

DAY 036 알베르트 아인슈타인	실수를 해 보지 않은 사람	88
DAY 037 버락 오바마	무엇이든 하라	90
DAY 038 빌 게이츠	성공은 형편없는 교사	92
DAY 039 부커 T. 워싱턴	당신은 어떤 장애물을 극복해 왔는가	94
DAY 040 덴젤 워싱턴	그 또한 삶의 일부다	96
DAY 041 프랭클린 루스벨트	유일한 한계는 의심이다	98
DAY 042 프리드리히 니체	위대한 생각은 걷기에서 나온다	100
DAY 043 헬렌 켈러	문이 닫히면 또 다른 문이 열린다	102
DAY 044 제이미 올리버	변명하는 이유	104
DAY 045 칼릴 지브란	고통 속에서 태어난 영혼	106
DAY 046 코비 브라이언트	모든 부정적인 것들은 성장의 기회다	108

하 루 한 줄
매 일 필 사

하루 한 줄 매일 필사
명사들의 위대한 한마디

초판 1쇄 인쇄 2025년 10월 30일
초판 1쇄 발행 2025년 11월 15일

지은이 무나
발행 콤마
등록 2013년 11월 7일 제396-251002013000206호
구입 문의 02-6956-0931
이메일 comma_books_01@naver.com
인스타그램 @comma_and_style

ISBN 979-11-88253-36-4 04190

잘못 만들어진 책은 구입하신 곳에서 바꾸어 드립니다.

DAY 047 오프라 윈프리	상처를 지혜로 바꿔라	110
DAY 048 파울로 코엘료	간절히 원하면 이루어진다	112
DAY 049 세리나 윌리엄스	진정한 챔피언은 누구인가	114
DAY 050 톰 행크스	어려움이 있기에 가치가 있다	116
DAY 051 월트 디즈니	지금 당장 행동하라	118
DAY 052 웨인 그레츠키	시도조차 하지 않으면	120
DAY 053 윈스턴 처칠	지옥을 지나고 있다면 계속 걸어라	122
DAY 054 공자	천천히 가도 괜찮다	124
DAY 055 레오나르도 디카프리오	오직 당신뿐이다	126
DAY 056 강수진	내가 가장 듣고 싶은 찬사	128

PART 4

잘 살고 있는지, 마음이 불안하고 불편할 때

DAY 057 버락 오바마	미래는 나아가는 자에게 보상한다	132
DAY 058 스티브 잡스	자신의 직관을 따르라	134
DAY 059 에스티 로더	나는 꿈만 꾸지 않았다	136
DAY 060 가브리엘 가르시아 마르케스	꿈을 포기하기 때문에 늙는다	138
DAY 061 J.K. 롤링	우리는 어떤 사람인가	140

DAY 062 존 레논	삶은 계속해서 흘러간다	142
DAY 063 마리사 메이어	성장하는 법	144
DAY 064 마야 안젤루	더 열심히 하라	146
DAY 065 무하마드 알리	날짜를 세지 마라	148
DAY 066 호라티우스	인생의 마지막 날	150
DAY 067 셰릴 샌드버그	완벽한 것보다 끝마치는 것이 낫다	152
DAY 068 시몬 바일스	도전해 보고 후회하라	154
DAY 069 팀 노케	노력이 재능을 이긴다	156
DAY 070 우사인 볼트	나는 한계를 생각하지 않는다	158
DAY 071 베라 왕	성공은 과정이다	160
DAY 072 윌리엄 제임스	내 행동이 차이를 만든다	162
DAY 073 윈스턴 처칠	중요한 것은 계속하는 용기	164
DAY 074 부처	생각하는 대로 된다	166
DAY 075 아리아나 허핑턴	두려움을 다루는 능력	168
DAY 076 크리스 해드필드	나를 설레게 하는 것	170

PART 5

예측할 수 없는 세상이 두려울 때

| DAY 077 비욘세 | 권력은 쟁취하는 것이다 | 174 |

DAY 078 자크 아탈리	가난함이란 '소속되지' 못한 것	176
DAY 079 제인 구달	어떤 종류의 변화를 만들고 싶은가	178
DAY 080 스티븐 코비	성품이 바뀌면 운명이 바뀐다	180
DAY 081 피터 드러커	미래를 예측하는 가장 좋은 방법	182
DAY 082 리처드 브랜슨	놀라운 기회를 제안받는다면	184
DAY 083 사티아 나델라	우리가 존중하는 것은	186
DAY 084 세르게이 브린	큰 문제가 오히려 쉽다	188
DAY 085 스티븐 호킹	지능이란 변화에 적응하는 능력	190
DAY 086 윌리엄 제임스	우리 영혼은 환경보다 강하다	192
DAY 087 도산 안창호	정의는 반드시 이루는 날이 있다	194
DAY 088 백범 김구	오직 한없이 가지고 싶은 것은	196
DAY 089 함석헌	정치란 무엇인가	198
DAY 090 알베르트 아인슈타인	상상력은 지식보다 중요하다	200
DAY 091 앙겔라 메르켈	열린 눈으로 세상을 보라	202
DAY 092 엘런 드제너러스	다른 사람의 길을 따르지 마라	204
DAY 093 일론 머스크	어떤 일이 충분히 중요하다면	206
DAY 094 무라카미 하루키	남들이 읽는 책만 읽는다면	208
DAY 095 하워드 슐츠	우선순위를 두고 집중하라	210
DAY 096 아이작 뉴턴	내가 더 멀리 볼 수 있었던 것은	212
DAY 097 말랄라 유사프자이	한 자루의 펜이 세상을 바꾼다	214
DAY 098 마크 저커버그	가장 큰 위험은	216
DAY 099 마이클 조던	내가 성공한 이유	218
DAY 100 넬슨 만델라	무언가를 이루기 전까지	220

PART 1

나를 돌보고 위로하는 방법을
알고 싶을 때

DAY **001**

사랑하고, 사랑받기.
자신의 보잘것없는 일일지라도 잊지 않기.
말도 안 되는 폭력과 주변에 존재하는
일상적이고 천박한 다툼에 익숙해지지 않기.
가장 슬픈 곳에서도 기쁨 찾기.
누추한 곳에서도 아름다움 찾기.
복잡한 것을 단순화하거나
단순한 것을 복잡하게 만들지 않기.
강인함을 존중하되 결코 권력을 추구하지 않기.
무엇보다 가만히 지켜보고, 이해하려고 노력하며,
결코 외면하지 않기.
그리고 절대, 절대로 잊지 않기.

_아룬다티 로이 *Arundhati Roy*
《생존의 비용 *The Cost of Living*》 중에서

To love. To be loved. To never forget your own insignificance.
To never get used to the unspeakable violence and the vulgar disparity of life around you.
To seek joy in the saddest places. To pursue beauty to its lair.
To never simplify what is complicated or complicate what is simple.
To respect strength, never power.
Above all, to watch. To try and understand. To never look away.
And never, never to forget.

DAY **002**

행복은 누군가로부터 주어지는 것이 아니라
자신의 행동에서 비롯된다.

Happiness is not something ready-made.
It comes from your own actions.

_달라이 라마 *Dalai Lama*

DAY **003**

나는 여전히 나 자신을 직시하며
더 나아지기를 바란다.

I still look at myself and want to improve.

_데이비드 베컴 *David Beckham*

DAY **004**

발이 왜 필요한가?
나에게는 날 수 있는 날개가 있는데.

Feet, what do I need you for when I have wings to fly?

_프리다 칼로 *Frida Kahlo*

DAY **005**

그대의 눈을 내면으로 향하게 하라.
그러면 그대 마음속에서 아직 발견되지 않은
천 개의 지역을 발견하게 되리라.
그곳을 여행하며 마음속 우주학의 전문가가 되라.

Turn your eyes inward, and you will find a thousand regions yet undiscovered within your own mind. Travel them, and become an expert in the cosmos of the mind.

_헨리 데이비드 소로 *Henry David Thoreau*
《월든 *Walden, or Life in the Woods*》 중에서

DAY **006**

당신 스스로 세상에서 보고 싶은 변화가 되어라.

Be the change that you wish to see in the world.

_마하트마 간디 *Mahatma Gandhi*

DAY **007**

세상에서 가장 위대한 일은
자기 자신에게 속하는 법을 아는 것이다.

The greatest thing in the world is to know how to belong to oneself.

_미셸 드 몽테뉴 Michel de Montaigne
《수상록 Essais》 중에서

DAY **008**

그들이 낮은 수준으로 가더라도,
우리는 높은 길을 갈 것이다.

When they go low, we go high.

_미셸 오바마 *Michelle Obama*

DAY **009**

우리는 늙지 않았다.
깊어가는 지혜를 활용하기에 너무 늦은 나이란 없다.
삶이 조용히 건네는 비밀은 바로 거기에 있다.

You have not grown old, and it is not too late to dive into your increasing depths where life calmly gives out its own secret.

_라이너 마리아 릴케 *Rainer Maria Rilke*

DAY **010**

매일이 올해 최고의 날이라는 것을 마음에 새기세요.

Write it on your heart that every day is the best day in the year.

_랄프 왈도 에머슨 *Ralph Waldo Emerson*

DAY 011

당신이 소중히 여기는 것을 위해 싸워라.

Fight for the things that you care about.

_루스 베이더 긴즈버그 *Ruth Bader Ginsburg*
(미국 전 연방대법관)

DAY 012

가장 끔찍한 빈곤은 홀로 남겨진 듯한 외로움과
사랑받지 못하고 있다는 느낌입니다.

The most terrible poverty is loneliness and the feeling of being unloved.

_마더 테레사 *Saint Teresa of Calcutta*

DAY **013**

성공은 오늘 '감사합니다'라는 말을 몇 번 했는지,
오늘 보낸 감사 편지의 수에 비례한다.

Success in today is measured by the number of times you say
"Thank you" and the number of thank-you notes you send.

_톰 피터스 *Tom Peters*
《리틀 빅 씽 *The Little Big Things*》중에서

I think

DAY **014**

서두를 필요 없다.

발랄한 척 할 필요도 없다.

누군가를 위해 나 자신이 아닌 다른 사람이 될 필요는 없다.

No need to hurry. No need to sparkle. No need to be anybody but oneself.

_버지니아 울프 *Virginia Woolf*
《자기만의 방 *A Room of One's Own*》 중에서

DAY 015

어제가 당신의 오늘을 빼앗아 가게 두지 말라.

Don't let yesterday take up too much of today.

_월 로저스 *Will Rogers*
(미국 영화배우이자 칼럼니스트)

DAY **016**

강한 자가 살아남는 것이 아니라
살아남은 자가 강한 것이다.

_김유신
영화, 〈황산벌〉 중에서

DAY **017**

현실을 있는 그대로 받아들이고,
모든 것이 자연스럽게 흘러가도록 내버려 두라.

_노자
《도덕경》 중에서

DAY **018**

인생에는 되감기 버튼이 없다.

There is no rewind button for life.

_백남준

DAY **019**

현재를 살라.

몰아치는 파도에 몸을 맡기고 매 순간을 영원처럼 살라.

기회의 땅을 밟고 서서

또 다른 곳을 바라보는 건 바보들이나 하는 짓이다.

또 다른 땅은 없다.

지금 여기의 삶 말고 다른 삶은 없다.

You must live in the present, launch yourself on every wave, find your eternity in each moment.
Fools stand on their island of opportunities and look toward another land. There is no other land. There is no other life but this.

_헨리 데이비드 소로 *Henry David Thoreau*

DAY 020

좋은 것은 아무리 많아도 충분하지 않다.
그러니 부족하지 않은 것으로 충분하다.
당신이 생각하는 '충분함'의 기준은 무엇인가?

No abundance of good ever suffices.
What is not lacking is enough.
What is your measure of enough?

_찰스 핸디 *Charles Handy*
(영국의 사회철학자)

DAY **021**

삶의 본질은 덧없고 무상하니
지금 이 순간이 가장 소중하다.

_부처

DAY **022**

한겨울의 깊은 곳에서
나는 마침내 내 안에 꺾을 수 없는
여름이 있다는 걸 깨달았다.

In the depth of winter, I finally learned that within me there lay an invincible summer.

_알베르 카뮈 *Albert Camus*
《여름 *L'été*》 중에서

PART 2

관계가 나를 힘들게 할 때

DAY **023**

가장 불만이 많은 고객이 가장 큰 배움의 원천이다.

Your most unhappy customers are your greatest source of learning.

_빌 게이츠 *Bill Gates*

DAY **024**

좋은 리더는 사람들의 신뢰를 얻고,
위대한 리더는 사람들이 자기 자신을 신뢰하게 한다.

A good leader inspires people to have confidence in the leader, a great leader inspires people to have confidence in themselves.

_엘레노어 루스벨트 *Eleanor Roosevelt*

DAY 025

나를 조급하고 불안하게 만드는 사람을 곁에 두지 마세요.

People who make you chase them and leave you feeling uncertain are not your people.

_에밀리 맥도웰 *Emily McDowell*
(미국의 아티스트)

DAY 026

좋은 사람이란 타인을 더 나아지게 만드는 사람이다.

The definition of being good is being able to make others better.

_휴 잭맨 *Hugh Jackman*

DAY 027

친절한 사람이 되세요.
우리가 만나는 이들은 저마다 힘겨운 싸움을 하는 중입니다.

Be kind, for everyone you meet is fighting a hard battle.

_이안 맥라렌 *Ian Maclaren*
(영국의 목사이자 작가)

DAY **028**

증오와 비난은 무시하고
당신이 창조하고자 하는 것을 위해 사세요.

Ignore all hatred and criticism. Live for what you create.

_레이디 가가 *Lady Gaga*

DAY **029**

사람들은 당신이 한 말과 행동은 잊지만
당신에게서 느꼈던 감정은 절대 잊지 않는다.

I've learned that people will forget what you said, people will forget what you did, but people will never forget how you made them feel.

_마야 안젤루 *Maya Angelou*
(미국의 시인이자 영화배우)

DAY **030**

나는 당신이 할 수 없는 일을 할 수 있고,
당신은 내가 할 수 없는 일을 할 수 있습니다.
따라서 우리는 함께 큰일을 할 수 있습니다.

I can do things you cannot, you can do things I cannot; together we can do great things.

_마더 테레사 *Saint Teresa of Calcutta*

DAY **031**

자신을 아는 일이 가장 어렵고,
다른 사람에게 충고하는 일이 가장 쉽다.

The most difficult thing to do is to know yourself, yet the easiest is to give advice to others.

_탈레스 *Thales*

DAY **032**

사람이 논리적인 동물이 아니라는 점을 명심해야 한다.
우리는 이성이 아니라 편견으로 가득 차고,
자존심과 허영에 따라 움직이는 감정적인 동물이다.

Remember that people are not logical creatures. They are driven by prejudices, emotions, pride, and vanity, not by reason.

_데일 카네기 *Dale Carnegie*
《인간관계론》 *How to Win Friends & Influence People* 중에서

DAY **033**

잘못을 지적해 주는 자는 스승이고,
옳은 일을 칭찬해 주는 자는 친구이며,
나에게 아첨하는 자는 적이다.

_순자
《순자》, 〈수신修身〉편 중에서

DAY **034**

나 자신에게는 이기되 다른 사람에게는 지리라.

_장준하
(대한민국의 독립운동가이자 사회운동가)

DAY **035**

겸손은 사람을 머물게 하고,
칭찬은 사람을 가깝게 하며,
넓음은 사람을 따르게 하고,
깊음은 사람을 감동케 한다.

_다산 정약용
《목민심서》 중에서

PART 3

번아웃과 슬럼프를
극복하고 싶을 때

DAY **036**

실수를 한 번도 하지 않은 사람은
새로운 것을 시도해 본 적이 없는 사람이다.

A person who never made a mistake never tried anything new.

_알베르트 아인슈타인 *Albert Einstein*

DAY **037**

희망을 잃지 않는 가장 좋은 방법은
일어나서 무엇이든 하는 것이다.

The best way to not feel hopeless is to get up and do something.

_버락 오바마 *Barack Obama*

DAY **038**

성공은 형편없는 교사다.
성공은 똑똑한 사람들을 유혹해
'나는 결코 실패하지 않을 것'이라고 믿게 만든다.

Success is a lousy teacher.
It seduces smart people into thinking they can't lose.

_빌 게이츠 *Bill Gates*

DAY **039**

성공이란 그 사람이 현재 어떤 자리에 있는지가 아니라
그 자리에 오르기 위해
그가 어떤 장애물을 극복했는가로 판단해야 한다.

Success is to be measured not so much by the position that one has reached in life as by the obstacles which he has overcome while trying to succeed.

_부커 T. 워싱턴 *Booker T. Washington*
(미국의 교육자이자 흑인인권운동가)

DAY **040**

비를 바라면 진흙도 감당해야 한다.
그 또한 삶의 일부다.

You pray for rain, you gotta deal with the mud too.
That's a part of it.

_덴젤 워싱턴 *Denzel Washington*

DAY **041**

내일의 실현을 가로막는 유일한 한계는
오늘의 의심이다.

The only limit to our realization of tomorrow is our doubts of today.

_프랭클린 루스벨트 *Franklin D. Roosevelt*

DAY **042**

진정 위대한 모든 생각은 걷기에서부터 나온다.

All truly great thoughts are conceived by walking.

_프리드리히 니체 *Friedrich Wilhelm Nietzsche*

DAY 043

행복의 문 하나가 닫히면 또 다른 문이 열리지만,
우리는 종종 닫힌 문을 멍하니 바라보느라
이미 우리를 향해 열린 문을 보지 못한다.

When one door of happiness closes, another opens; but often we look so long at the closed door that we do not see the one which has been opened for us.

_헬렌 켈러 *Helen Keller*
《남겨진 우리 *We Bereaved*》 중에서

DAY **044**

하고 싶으면 방법을 찾고,
하기 싫으면 변명을 찾는다.

If you want to do something, you can always find a way. If you don't, you'll find an excuse.

_제이미 올리버 *Jamie Oliver*
(영국의 요리연구가)

DAY **045**

고통 속에서 가장 강한 영혼이 태어난다.

Out of suffering have emerged the strongest souls.

_칼릴 지브란 *Khalil Gibran*

DAY **046**

모든 부정적인 것들,
압박이나 도전적인 상황 같은 것들 또한 성장의 기회다.

Everything negative–pressure, challenges–is all an opportunity for me to rise.

_코비 브라이언트 *Kobe Bryant*
(미국의 농구선수)

DAY **047**

당신의 상처를 경험으로부터 얻은 지혜로 바꿔라.

Turn your wounds into wisdom.

_오프라 윈프리 *Oprah Winfrey*

DAY **048**

당신이 무언가를 간절히 원할 때,
온 우주가 그것을 이루도록 도와준다.

When you want something, all the universe conspires in helping you to achieve it.

_파울로 코엘료 *Paulo Coelho*

DAY **049**

진정한 챔피언은 승리로 정의되는 것이 아니라,
넘어졌을 때 어떻게 회복하느냐로 결정된다.

A true champion isn't defined by their wins but by how they recover when they fall.

_세리나 윌리엄스 *Serena Williams*
(미국의 테니스 선수)

DAY **050**

쉬운 일은 누구나 할 수 있다.
어려움이 있기에 더욱 가치 있는 것이다.

If it wasn't hard, everyone would do it. It's the hard that makes it great.

_톰 행크스 *Tom Hanks*
영화 〈그들만의 리그 *A League of Their Own*〉 중에서

DAY **051**

시작하려면 말만 하지 말고 지금 당장 행동하라.

The way to get started is to quit talking and begin doing.

_월트 디즈니 *Walt Disney*

DAY **052**

시도조차 하지 않은 샷은 100퍼센트 빗나간다.

You miss 100% of the shots you don't take.

_웨인 그레츠키 *Wayne Gretzky*
(캐나다의 아이스하키 감독)

DAY **053**

지옥을 지나고 있다면 계속 걸어라.

If you're going through hell, keep going.

_윈스턴 처칠 *Winston Churchill*

DAY 054

포기하지 않는다면 천천히 가도 괜찮습니다.

_공자
《논어》 중에서

DAY 055

당신의 상황을 바꿀 수 있는 사람은 오직 당신뿐이다.

Only you and you alone can change your situation.

_레오나르도 디카프리오 *Leonardo DiCaprio*

DAY **056**

내가 가장 듣고 싶은 찬사는
'보잘 것 없어 보이는 하루하루를 반복하여
대단한 것을 만들어 낸 사람'이다.

_강수진
(대한민국의 발레리나)

PART 4

잘 살고 있는지,
마음이 불안하고 불편할 때

DAY **057**

미래는 앞으로 나아가는 사람에게 보상한다.

The future rewards those who press on.

_버락 오바마 *Barack Obama*

DAY **058**

용기를 갖고 여러분의 마음과 직관을 따르십시오.
여러분의 마음은 여러분이 진정으로 무엇이 되고 싶은지
이미 알고 있습니다.

Have the courage to follow your heart and intuition.
They somehow already know what you truly want to become.

_스티브 잡스 *Steve Jobs*
2005년 스탠포드대학 졸업식 연설 중에서

DAY **059**

나는 성공을 꿈꾸지 않았다.
그걸 위해 일했을 뿐이다.

I never dreamed about success. I worked for it.

_에스티 로더 *Estée Lauder*

DAY **060**

늙어서 꿈을 포기하는 것이 아니다.
꿈을 포기하기 때문에 늙는 것이다.

It's not true that people stop pursuing dreams because they grow old; they grow old because they stop pursuing dreams.

_가브리엘 가르시아 마르케스 *Gabriel Garcia Márquez*
(콜롬비아의 노벨문학상 수상 작가)

DAY **061**

우리가 진정 어떤 사람인지를 잘 보여주는 것은
우리의 능력이 아니라 우리의 선택이다.

It is our choices that show what we truly are, far more than our abilities.

_J.K. 롤링 *J.K. Rowling*

DAY **062**

우리가 계획을 세우느라 바쁠 때에도 삶은 계속해서 흘러간다.

Life is what happens when you're busy making other plans.

_존 레논 *John Lennon*

DAY **063**

나는 항상 준비가 안 된 일을 시작했다.
그것이 성장하는 방법이었다.

I always did something I was not ready to do. I think that's how you grow.

_마리사 메이어 *Marissa Mayer*
(미국의 기업인으로 야후의 CEO)

DAY **064**

더 잘 알게 될 때까지 최선을 다하라.
더 알게 되면, 더 열심히 하라.

Do the best you can until you know better.
Then when you know better, do better.

_마야 안젤루 *Maya Angelou*
(미국의 시인이자 영화배우)

DAY **065**

날짜를 세지 말고, 하루하루를 의미 있게 만들어라.

Don't count the days, make the days count.

_무하마드 알리 *Muhammad Ali*

DAY **066**

그대의 하루 하루를 인생의 마지막 날이라고 생각하라.

Think of each day as if it were your last.

_호라티우스 *Quintus Horatius Flaccus*
(고대 로마의 시인)

DAY **067**

완벽한 것보다 끝마치는 것이 낫다.

Done is better than perfect.

_셰릴 샌드버그 *Sheryl Sandberg*
(미국의 기업인으로 메타의 COO)

DAY **068**

아무것도 시도하지 않고 후회하는 것보다,
실패하더라도 도전해 보고 후회하는 것이 낫다.

I'd rather regret the risks that didn't work out than the chances I didn't take at all.

_시몬 바일스 *Simone Biles*
(미국의 기계체조 선수)

DAY **069**

노력하는 사람이,

재능만 믿고 노력하지 않는 사람을 이긴다.

Hard work beats talent when talent doesn't work hard.

_팀 노케 *Tim Notke*
(미국의 농구 코치)

DAY **070**

나는 한계를 생각하지 않는다.

I don't think limits.

_우사인 볼트 *Usain Bolt*

DAY **071**

성공은 최종 결과가 아니라, 그 과정에서 배우는 것이다.

Success isn't about the end result, it's about what you learn along the way.

_베라 왕 *Vera Wang*

DAY **072**

당신이 하는 행동이 차이를 만든다고 생각하라.
실제로 그렇다.

Act as if what you do makes a difference.
It does.

_윌리엄 제임스 *William James*
(미국의 심리학자이자 하버드대학교 교수)

DAY 073

성공은 영원하지 않으며,
실패 또한 치명적인 것이 아니다.
중요한 것은 계속하는 용기다.

Success is not final, failure is not fatal; it is the courage to continue that counts.

_윈스턴 처칠 *Winston Churchill*

DAY **074**

생각하는 대로 됩니다.
우리는 자신의 생각 속에서 자랍니다.
우리 자신의 생각으로 이 세상을 만듭니다.

_부처

DAY **075**

두려움이 없다는 것은 정말 두려움이 없는 것이 아니라, 두려움을 다루는 능력을 갖고 있다는 것이다.

Fearlessness is not the absence of fear, it's the mastery of fear.

_아리아나 허핑턴 *Ariana Huffington*
(미국의 언론인으로 〈허핑턴 포스트〉 설립자)

DAY **076**

진심으로 당신을 설레게 하고 도전하게 만드는 것을 정하고, 삶을 그 방향으로 움직여라.

Decide in your heart of hearts what really excites and challenges you, and start moving your life in that direction.

_크리스 해드필드 *Chris Hadfield*
(캐나다의 우주비행사)

PART 5

예측할 수 없는 세상이 두려울 때

DAY **077**

권력은 주어지는 것이 아니라 스스로 쟁취하는 것이다.

Power is not given to you. You have to take it.

_비욘세 *Beyoncé*

DAY **078**

가난함이란 지금까지는 '갖지' 못한 것을 의미했으나
가까운 장래에는 '소속되지' 못한 것이 될 것이다.

So far poverty has meant "not having"; in the near future, mean "not belonging".

_자크 아탈리 *Jacques Attali*

DAY **079**

우리가 하는 모든 일은 변화를 만든다.
따라서 어떤 종류의 변화를 만들고 싶은지 결정해야 한다.

What you do makes a difference, and you have to decide what kind of difference you want to make.

_제인 구달 *Jane Goodall*

DAY **080**

생각을 바꾸면 행동이 바뀌고,
행동이 바뀌면 습관이 바뀌고,
습관이 바뀌면 성품이 바뀌고,
성품이 바뀌면 운명이 바뀐다.

Sow a thought, reap an action;
sow an action, reap a habit;
sow a habit, reap a character;
sow a character, reap a destiny.

_스티븐 코비 *Stephen R. Covey*
(미국의 경영컨설턴트이자 작가)

DAY **081**

미래를 예측하는 가장 좋은 방법은
미래를 창조하는 것이다.

The best way to predict the future is to create it.

_피터 드러커 *Peter Drucker*

DAY **082**

누군가가 놀라운 기회를 제안하는데
당신이 할 수 있을지 확신이 없다면,
일단 '예스'라고 하고 나중에 배워라.

If somebody offers you an amazing opportunity but you are not sure you can do it, say yes–then learn how to do it later.

_리처드 브랜슨 *Richard Branson*
(영국의 기업인으로 버진 그룹의 창업자)

DAY **083**

우리의 산업은 전통을 존중하지 않는다.
오직 혁신만을 존중할 뿐이다.

Our industry does not respect tradition–it only respects innovation.

_사티아 나델라 *Satya Nadella*
(미국의 공학자이자 마이크로소프트 CEO)

DAY **084**

큰 문제를 푸는 것이 작은 문제를 푸는 것보다 쉽다.

Solving big problems is easier than solving little problems.

_세르게이 브린 *Sergey Brin*
(미국의 기업인으로 구글 공동 창업자)

DAY 085

지능이란 변화에 적응하는 능력이다.

Intelligence is the ability to adapt to change.

_스티븐 호킹 *Stephen Hawking*

DAY **086**

항상 사랑스러운 것들에 대해 생각해야 한다.
그 이유는 바로 생각이 인생을 결정하기 때문이다.
사람들은 습관적으로 환경을 탓하곤 한다.
그러나 환경은 삶에 변화를 줄 뿐 삶을 지배하지는 못한다.
우리의 영혼은 주변 환경보다 강하다.

Why should we think upon things that are lovely?
Because thinking determines life.
It is a common habit to blame life upon the environment.
Environment modifies life but does not govern life.
The soul is stronger than its surroundings.

_윌리엄 제임스 *William James*

DAY **087**

진실은 반드시 따르는 자가 있고
정의는 반드시 이루는 날이 있다.

_도산 안창호

DAY **088**

나는 우리나라가 세계에서 가장 아름다운 나라가 되기를 원하지, 가장 부강한 나라가 되길 원하지 않는다. 내가 남의 침략에 가슴이 아팠으니 내 나라가 남을 침략하기를 원치 않는다. 우리의 경제력은 우리의 생활을 충족할 만하고, 우리의 무력은 남의 침략을 막을 만하면 족하다. 오직 한없이 가지고 싶은 것은 높은 문화의 힘이다. 문화의 힘은 우리 자신을 행복하게 하고 나아가서 남에게 행복을 주기 때문이다.

_백범 김구
《백범일지》 중에서

# DAY **089**

정치란 덜 나쁜 놈을 골라 뽑는 과정이다.
다 나쁜 놈들이라고 투표 안 하면 가장 나쁜 놈이 당선된다.

_함석헌
(대한민국의 사회운동가)

# DAY **090**

상상력은 지식보다 중요하다.

Imagination is more important than knowledge.

_알베르트 아인슈타인 *Albert Einstein*

DAY **091**

열린 눈으로 세상을 보라.

Look at the world with open eyes.

_앙겔라 메르켈 *Angela Merkel*
(독일의 연방총리)

DAY **092**

열정을 따르고 자신에게 충실하라.
숲속에서 길을 잃지 않는 한 다른 사람의 길을 따르지 마라.

Follow your passion. Stay true to yourself. Never follow someone else's path–unless you're in the woods and you're lost.

_엘런 드제너러스 *Ellen DeGeneres*
(미국의 희극인)

DAY **093**

어떤 일이 충분히 중요하다면, 승산이 없어도 해야 한다.

When something is important enough, you do it even if the odds are not in your favor.

_일론 머스크 *Elon Musk*

DAY **094**

남들이 읽는 책만 읽는다면,
남들이 하는 생각만 하게 될 뿐이다.

If you only read the books that everyone else is reading, you can only think what everyone else is thinking.

_무라카미 하루키 *Haruki Murakami*

DAY 095

살면서 모든 것을 가질 수는 없지만
중요한 것 몇 가지는 가질 수 있다.
진정으로 가치 있는 것이 무엇인지
우선순위를 두고 집중하면 가능하다.

In life, you can't have everything.
But you can have the things that really matter to you.

_하워드 슐츠 *Howard Schultz*
(미국의 기업인으로 스타벅스 CEO)

DAY 096

내가 더 멀리 볼 수 있었던 것은
거인의 어깨 위에 서 있었기 때문이다.

If I have seen further, it is by standing on the shoulders of giants.

_아이작 뉴턴 *Isaac Newton*

DAY **097**

한 명의 아이, 한 명의 선생님, 한 권의 책,
한 자루의 펜이 세상을 바꿀 수 있다.

One child, one teacher, one book, one pen can change the world.

_말랄라 유사프자이 *Malala Yousafzai*
(파키스탄의 여성교육운동가이자 노벨평화상 수상자)

DAY **098**

가장 큰 위험은 아무런 위험도 감수하지 않는 것이다.

The biggest risk is not taking any risk.

_마크 저커버그 *Mark Zuckerberg*

DAY **099**

나는 인생에서 수없이 실패했다.
그것이 내가 성공한 이유다.

I've failed over and over and over again in my life.
And that is why I succeed.

_마이클 조던 *Michael Jordan*

DAY **100**

무언가를 이루기 전까지,
그것은 항상 불가능해 보인다.

It always seems impossible until it's done.

_넬슨 만델라 *Nelson Mandela*

• epilogue •

"읽는 것은 가득 채우는 것이고,
말하는 것은 바로 드러내는 것이며,
쓰는 것은 정확하게 만드는 것이다."

_프랜시스 베이컨 *Francis Bacon*

100일의 여정 끝에 당신에게 남은 것은 글자로 빽빽해진 이 책만은 아닐 것입니다. 필사를 통해 생각은 더욱 명료해지고 삶은 더욱 단단해졌을 겁니다.
이제 당신의 마음 속 깊은 곳에서 피어오른 빛나는 한 문장을 여기에 적어 보세요. 흔들릴 때마다 당신을 붙잡아 줄 내 인생의 문장을 완성해 보세요.

무나 MOONA

책을 읽다가 만들다가 쓰는 사람이 된, 능동적 종이 소비자.
대학에서 교육학과 문예창작을 공부했고,
사회에서 여행과 식도락과 사람의 마음을 탐구하며 지낸다.
나와 타인을 더 잘 이해하기 위해 매일 운동하고 가끔 일한다.
몸과 마음의 근육을 키우고 '반쪽의 뇌'라도 지키려 무던히 노력 중이다.
쓰기의 시작은 필사와 습관이라고 굳게 믿는다.